CONTENIDO

La peluquería

¿Alguna vez has intentado cortarte tú mismo el pelo? Probablemente no te fue muy bien. ¡Es mucho más difícil de lo que parece! Si quieres un buen corte de pelo, es preferible visitar la peluquería de tu vecindario.

PELUQUEROS

CHRISTINE HONDERS

TRADUCIDO POR ROSSANA ZÚÑIGA

PowerKiDS press™

New York

Published in 2020 by The Rosen Publishing Group, Inc.
29 East 21st Street, New York, NY 10010

First Edition

Translator: Rossana Zúñiga
Spanish Editor: Alberto Jiménez
Editor: Greg Roza
Book Design: Reann Nye

Photo Credits: Cover, p.1 Odua Images/Shutterstock.com; pp. 4–22 Abstractor/Shutterstock.com; p. 5 Aksinia Abiagam/Shutterstock.com; p. 7 Juan Marmolejos/Shutterstock.com; p. 9 https://commons.wikimedia.org/wiki/File:A_barber-surgeon_extracting_stones_from_a_woman%27s_head;_symb_Wellcome_V0016251.jpg; p. 11 bodytaylor/Shutterstock.com; p. 13 F8 studio/Shutterstock.com; p. 15 Thomas Barwick/DigitalVision/Getty Images; p. 17 JHU Sheridan Libraries/Gado/Archive Photos/Getty Images; p. 19 Jetta Productions Inc/DigitalVision/Getty Images; p. 21 fizkes/Shutterstock.com; p. 22 Mike Harrington/DigitalVision/Getty Images.

Library of Congress Cataloging-in-Publication Data

Names: Honders, Christine, author.
Title: Peluqueros / Christine Honders.
Description: New York : PowerKids Press, [2020] | Series: Trabajadores de nuestra comunidad | Includes index.
Identifiers: LCCN 2019009057| ISBN 9781725312616 (pbk.) | ISBN 9781725312630
  (library bound) | ISBN 9781725312623 (6 pack)
Subjects: LCSH: Barbers–History–Juvenile literature. |
  Barbershops–History–Juvenile literature.
Classification: LCC HD8039.B3 .H66 2020 | DDC 646.7/2409-dc23
LC record available at https://lccn.loc.gov/2019009057

Manufactured in the United States of America

CPSIA Compliance Information: Batch #CWPK20. For Further Information contact Rosen Publishing, New York, New York at 1-800-237-9932.

Ser peluquero

Los peluqueros están capacitados para cortar el pelo, afeitar y **arreglar** barbas y bigotes. Tienen herramientas especiales para recortar y dar forma al cabello en diferentes estilos.
La mayoría de quienes acuden al peluquero son hombres, pero cualquiera que desee un corte de pelo puede visitar la peluquería de su vecindario.

Peluqueros y cirujanos

Hace muchos años, en Europa,
los peluqueros solían realizar
cirugías. Un peluquero podía cortar
el pelo a alguien y luego ¡sacarle
un diente picado! Los médicos creían
que hacer sangrar a los enfermos
mediante cortes o sanguijuelas
los hacía mejorar y los peluqueros
también ofrecían este servicio
a la gente.

El poste del peluquero

Este signo del peluquero está relacionado con su historia, ¡y es realmente desagradable! El color rojo simboliza la sangre y el azul representa las **venas**. El blanco se relaciona con las **vendas**; los peluqueros solían colgarlas por fuera para que el aire las secara y las envolvían en un poste.

Más que un corte

Mucha gente visita al peluquero para un recorte o para un rápido corte de pelo. Los peluqueros usan herramientas, como las tijeras y máquinas de afeitar, para crear diferentes estilos. También tiñen el cabello de sus clientes, además de lavar, afeitar y recortar barbas.

¡A ponerse cómodo!

Quienes van al peluquero lo hacen porque quieren verse lo mejor posible, pero también los peluqueros quieren que te sientas bien. Ayudan a sus clientes a que se sientan **cómodos**, escuchándolos y asegurándose de que se vayan contentos con su nuevo aspecto.

Los primeros peluqueros en Estados Unidos

En los comienzos de Estados Unidos cortar el pelo era labor de **sirvientes**; la mayoría de los peluqueros eran afroamericanos. Hasta mediados del siglo XX, las leyes de **segregación** mantenían a la gente separada por razas. Las peluquerías eran lugares donde los afroamericanos se sentían seguros para reunirse y conversar.

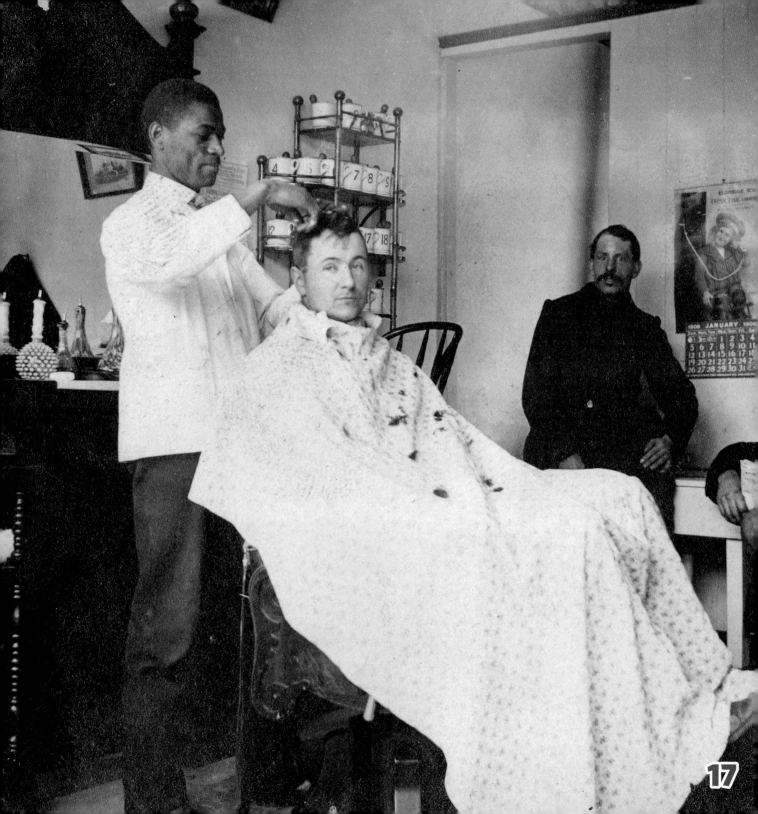

Las peluquerías hoy

En muchos pueblos y ciudades aún puedes encontrar peluquerías de barrio, sitios donde los amigos se reúnen para conversar y cortarse el pelo. Siguen siendo lugares importantes en muchas comunidades afroamericanas; son espacios donde las personas se reúnen y charlan.

Capacitación para peluqueros

En la mayoría de los estados, para ser peluquero y conseguir trabajo hay que terminar la secundaria, tomar clases de peluquería y pasar un examen para demostrar las habilidades adquiridas. Además, los peluqueros han de mantener satisfechos a sus clientes, así que deben mostrarse amables.

Lucir bien, sentirse bien

Los peluqueros no solo son buenos con las tijeras, sino artistas que crean nuevos e increíbles cortes de pelo. Son además amigos que escuchan a los clientes y, en fin, son trabajadores de nuestra comunidad que nos hacen lucir bien y ¡también consiguen que nos sintamos bien!

GLOSARIO

arreglar: hacer que algo esté limpio y ordenado.

cirugía: tratamiento que realiza el médico especialista accediendo al interior del cuerpo del paciente.

cómodo: a gusto.

segregación: separación de las personas basada en la raza, en el color de la piel.

sirviente: alguien que realiza labores para un empleador.

venas: conductos del cuerpo por donde circula la sangre que se dirige al corazón.

vendas: trozos de gasa más o menos largos que se usan para cubrir cortes y detener las hemorragias (salida de sangre).

ÍNDICE

SITIOS DE INTERNET

Debido a que los enlaces de Internet cambian constantemente,
PowerKids Press ha creado una lista de sitios de Internet relacionados con el tema de este libro.
Este sitio se actualiza con regularidad. Por favor, utiliza este enlace para acceder a la lista:
www.powerkidslinks.com/HIOC/barbers